GARIBALDI

PARIS

IMPRIMERIE DE L. TINTERLIN ET Cᵉ,

Rue Neuve-des-Bons-Enfants, 3.

ITALIA

GARIBALDI

SA VIE

D'APRÈS DES DOCUMENTS INÉDITS

PAR

Mme JULIETTE LA MESSINE

Auteur des Idées anti-Proudhoniennes sur la Femme,
l'Amour et le Mariage

AVEC UN PORTRAIT

D'APRÈS UNE PHOTOGRAPHIE

PARIS

E. DENTU, LIBRAIRE-ÉDITEUR

GALERIE D'ORLÉANS, 13, PALAIS-ROYAL

1859

GARIBALDI

« L'Italie, cette solfatare qui toujours
fume, cette cendre encore chaude de
l'ancienne Rome, jette des flammes. »
CLAUDE TILLIER.

Grand et beau spectacle que le réveil de l'Italie!...

Elle dormait... se mourait, disaient même un grand nombre...

Mais, dans le développement général de l'humanité, il est des époques rénovatrices où une nation, qu'on croyait épuisée, tout à coup se ranime et reprend place au premier rang.

Souvent alors, du sein de la foule, un homme surgit qui personnifiant les aspirations et les puissances collectives, les traduit en actes et donne à la masse qu'il entraîne conscience de sa force, de son devoir et de son droit.

Tels furent les héros de la Grèce moderne.

Tel fut le grand Manin, mort deux ans trop tôt.

Tel fut Kossuth.

Tels apparaîtront bientôt les libérateurs des autres nationalités qui gémissent sous la domination étrangère.

Tel, aujourd'hui, apparaît Garibaldi !

Cette individualité si énergique, si passionnée, si profondément dévouée à la cause de l'indépendance, n'est-ce pas la nation italienne faite homme, se relevant d'un sublime et indomptable effort, décidée à venger toutes ses humiliations, à reconquérir toutes ses libertés !

Giuseppe Garibaldi est né le 4 juillet 1807, en pleine mer, au milieu d'une tempête, sur les côtes de Nice, où habitait sa famille.

Son père était pêcheur, et comptait parmi ses ancêtres nombre de marins cités pour leur bravoure.

Giuseppe aimait la mer par instinct; ses grands spectacles avaient seuls la puissance de l'attirer et de l'émouvoir.

Apercevait-il un navire en partance, il enviait

le commandant, les matelots, les mousses de l'é-
quipage ; et son œil longtemps suivait avec cha-
grin la voile que l'horizon embrassait et faisait
disparaître bientôt.

Un jeune pêcheur, vaincu par les supplications
de Giuseppe, l'emmena un soir dans son bateau,
bien loin des côtes. Une tempête survint. Les
camarades de l'enfant, témoins de son départ,
s'empressèrent d'en avertir ses parents. Son père,
désespéré, accourut à la plage. De longues heures
se passèrent dans une inquiète attente. Enfin, la
barque apparut. Quelques minutes après, Giuseppe était dans les bras de son père.

— Malheureux enfant ! lui dit celui-ci, pourquoi jouer ainsi avec le danger?

— Comment? tu n'as pas eu peur, vrai !... lui
demandèrent ses camarades.

— Peur ! répondit le futur marin avec un dé-
dain superbe, peur ! et de quoi? la mer est si belle
lorsqu'elle gronde.

Ennemi-né de l'arbitraire, Giuseppe apporta,
dès le plus jeune âge, dans tous les actes de sa
vie, cet amour de la justice qui le poussa si énergiquement, plus tard, à prendre la défense des
opprimés.

Tout enfant, on le vit mettre ses faibles forces au service du faible. Nature ardente, fiévreuse, le travail sédentaire et assidu l'énervait.

Un soir, qu'un ami de son père, le signor Arena, lui donnait une leçon de mathématiques, impatienté de ne pouvoir résoudre un problème, il jeta tout à coup loin de lui, le livre qu'il tenait à la main.

— Que fais-tu? lui demanda son professeur.

— Vous le voyez, je jette mon livre, répondit l'enfant; c'est vous prouver que je me moque de ce qu'il contient.

Et il se dirigea vers la fenêtre. La mer s'étendait au loin.

Le père de Giuseppe entra à ce moment.

— Qu'est-ce? fit-il en s'adressant à la fois à l'élève et au professeur. On se boude, je crois. Qu'y a-t-il?

— Il y a, il y a que votre fils tient à rester un ignorant...

— Un ignorant ne peut-il être utile? objecta l'enfant. Moi, j'ai beau faire, je crains bien de rester tel; ni mes yeux, ni mon esprit, ne seront jamais captivés par ceci.

Et il montrait du doigt, avec mépris, le livre qui gisait à terre ; puis, prenant son père et le signor Arena par la main, et les entraînant vers la fenêtre, il ajouta avec exaltation :

— Voyez-vous ces nuages, là bas, qui se gonflent et s'abaissent, voyez-vous ces vagues qui grossissent et montent? Ce que disent ce ciel et cette mer, je voudrais l'apprendre. Cette leçon, je l'écouterais avec recueillement.

— Bah ! s'écria le père de Giuseppe, tu seras marin. Pourquoi pas, voyons, Arena?

L'enfant connaissait l'influence de cet ami dévoué ; il sauta à son cou et murmura à son oreille d'une voix suppliante :

— Oh ! oui, oui, je veux être marin. Je le serai, n'est-ce pas ?

— Oui, oui, oui, répéta en riant le signor Arena. Qu'il soit marin !

Plus tard, Giuseppe s'engagea dans la marine sarde.

Les plus dures épreuves de l'apprentissage du rude métier de marin ne le découragèrent pas un instant.

Le premier à la manœuvre, le plus intrépide

au combat, on le vit toujours là où il y eut un danger à braver.

Le navire était-il en péril, Giuseppe déployait toutes les ressources d'une merveilleuse activité.

Ses chefs le remarquèrent, et il monta rapidement en grade jusqu'en 1834.

Mais la mer eut bientôt au cœur de Garibaldi une rivale puissante.

Il rêva la délivrance de sa patrie asservie ; la vague en courroux soulevait au cœur du jeune patriote d'ardentes émotions, il voulut voir l'Italie, comme la mer, briser et rejeter à ses bords ceux qui avaient osé la fouler aux pieds.

La tempête ! Mazzini allait essayer de la provoquer.

La Révolution de 1830, en même temps qu'elle avait donné à l'Italie la conscience de son abaissement, avait exaspéré ses tyrans ; chaque jour ces derniers s'efforçaient d'éteindre dans le sang le foyer des idées.

D'un bout à l'autre de la Péninsule les sociétés secrètes formaient comme une chaîne électrique. A chaque nouvelle violence du despotisme, elles en recevaient la secousse, et l'Italie tout entière frémissait d'indignation. Des insurrections partielles éclataient dans chaque ville.

Mazzini s'efforçait d'imprimer à ces mouvements désordonnés l'ensemble nécessaire. La Révolution organisée par lui devait, à un moment donné, à un signal convenu, se développer unitairement, chasser les Autrichiens et constituer l'indépendance et l'unité de l'Italie.

A Gênes, où Garibaldi se trouvait à cette époque, il avait, comme *carbonaro*, pris part à la conspiration.

Un jour que la *vente* réunie discutait les moyens d'attaque, la police entra tout à coup, la plupart des membres furent arrêtés; quelques-uns s'échappèrent, au nombre desquels fut Garibaldi. Traqué pendant plusieurs jours, il parvint pourtant à quitter Gênes.

Puis, sans argent, sans nourriture, marchant la nuit, se cachant le jour, il gagna Nice.

Un de ses meilleurs amis, M. Geaume, put le soustraire aux poursuites des agents du gouvernement, grâce à cette ruse : il le revêtit de l'habit d'un de ses fermiers et le conduisit lui-même jusqu'aux rives du Var.

Garibaldi traversa le Var et arriva jusqu'à Marseille.

Il y vécut isolé jusqu'au jour où, forcé d'accepter les témoignages d'affection et de reconnaissance d'un jeune homme qu'il avait, dans le port de cette ville, arraché à une mort certaine, il se lia d'amitié avec lui et avec lui continua ces études de mathématiques qui l'avaient tant ennuyé autrefois.

Bientôt, rappelé dans la haute Italie par une insurrection qui venait d'y éclater contre l'Autriche, il y prend, comme chef, une part active. Écrasé par des forces supérieures, il est obligé de fuir, sa tête est mise à prix. Il cherche un refuge dans les *Montagnes noires.* Traqué comme une bête fauve, il fait aux Autrichiens, qui le poursuivent, à travers broussailles et ravins, une guerre acharnée. Son courage indomptable, sa prodigieuse habileté à échapper aux mille dangers qui l'enveloppent, le font bientôt passer, aux yeux des Autrichiens, pour un être surnaturel, insaisissable, et lui donnent dans l'esprit des Italiens les proportions d'un de ces héros du moyen âge dont les poëmes légendaires retracent les fabuleux exploits. C'est qu'un premier amour surgit au cœur de Garibaldi ; une jeune fille noble, élevée dans un château au milieu des montagnes, conçut pour l'héroïque et mystérieux chef de partisans une passion violente. Enlevée par lui à la faveur d'un incendie, elle supporta, pour vivre aux côtés de son amant, les fatigues et les privations de sa vie aventureuse ; mais les lits de mousse de la montagne ne pouvaient remplacer, pour la délicate châtelaine, les moëlleux duvets et le tranquille abri du foyer paternel. Bientôt elle mourut de la poitrine ; Garibaldi l'ensevelit dans la montagne aux pieds d'un rocher qui porte aujourd'hui le nom de *Margarita.*

Cette mort laissa dans le cœur du héros un vide affreux ; il voulut fuir les lieux témoins d'un bonheur si court et se jeta à corps perdu dans les aventures les plus périlleuses. Puis enfin, las de tant d'efforts infructueux, impuissants à délivrer son pays du joug de l'étranger, il réunit ses compagnons, les exhorta à la patience jusqu'à des temps meilleurs et leur dit : Au revoir !

Il retourna à Marseille, et quelque temps après son arrivée dans cette ville, il s'embarqua pour Tunis, et fut engagé comme officier dans la flotte du Bey.

Ce qu'il fallait à l'amant malheureux, à l'ardent patriote, c'était une continuelle agitation, car le souvenir de la patrie enchaînée et de Marguerite le poursuivaient sans relâche ; il ne trouva pas à Tunis l'oubli qu'il était venu y chercher.

Il partit..... mais au moment d'entreprendre un de ces voyages au long-cours qu'enfant il avait tant désiré faire, l'exil, le triste exil, lui apparut dans toute sa désolante réalité.

Et ce fut le désespoir au cœur qu'il s'embarqua pour l'Amérique.

LA RÉPUBLIQUE DE L'URUGUAY

> « Toute injustice me regarde. »
> MANIN.

Montévidéo, ville de l'Amérique méridionale, enlevée en 1820 à l'État de Buenos-Ayres par le Brésil, annexée à l'empire sous le nom de province Cisplatine, s'était, en 1828, déclarée indépendante et formait avec deux autres départements la république de l'Uruguay.

Le dictateur de Buenos-Ayres, Rosas, tenta de reprendre Montévidéo et voulut lui imposer par la force le général Oribe pour président.

En 1838, Garibaldi, alors à Rio-Janeiro, vint mettre son épée à la disposition de la république de l'Uruguay.

Un général de Rosas, Maldonado, s'avançait à

2.

cette époque sur Montévidéo. Garibaldi, autorisé par le gouvernement de l'Uruguay, lève un corps franc et marche à la rencontre de l'armée ennemie forte de cinq mille hommes, à la tête d'une légion composée seulement de cinq cents jeunes hommes, la plupart Italiens.

Malgré des prodiges de valeur inouïs, la petite troupe est repoussée jusqu'à Montévidéo.

Forcé de se soustraire aux poursuites de ses ennemis, Garibaldi se réfugie à Gualaguay, dans la province d'Entrerios ; mais, bientôt découvert, il est interné et mis sous la surveillance du chef de la police, Léonard Millan ; il est en butte à toutes les persécutions ; sous prétexte qu'il a tenté de sortir du territoire, on le condamne à être pendu par les mains sur la place de Gualaguay. Après l'avoir exposé pendant deux heures aux outrages de la multitude, on le fait jeter en prison. Garibaldi ne parvient à s'évader qu'au bout de huit mois. Aussitôt il court à Montévidéo, où ses compagnons réunis jurent de venger les insultes qu'il a subies.

Le président de la république de l'Uruguay Lavalle, au retour de Garibaldi, lui confie le commandement de trois vaisseaux. Le nouveau chef d'escadre se porte dans la rivière de l'Uruguay et engage avec la flotte de Buenos-Ayres une lutte qui dure deux ans. Lutte acharnée, pleine d'efforts surhumains.

Le trait suivant en est une preuve.

A la faveur d'un épais brouillard, accompagné de douze hommes seulement, Garibaldi se glisse un matin dans les eaux de l'escadre ennemie.

Méditant une attaque pour le soir même, il veut en apprécier les forces ; tout à coup, le ciel se dégage et Garibaldi se trouve, pour ainsi dire, cerné au milieu de la flotte buenos-ayrienne.

Un cri de victoire s'échappe de toutes les poitrines :

— Garibaldi est pris !

— Pas encore ! s'écrie l'énergique marin. Il se précipite au gouvernail et échappe à la poursuite des embarcations. Une goëlette alors se détache et lui donne la chasse pendant tout le jour, Garibaldi cherche, vers le soir, un abri dans une anse. La goëlette jette l'ancre à l'entrée de la baie, ferme au chef d'escadre le chemin de sa flotte et remet sa capture au lendemain.

Garibaldi conçoit un plan hardi, et, aussitôt la

nuit venue, il l'exécute. Lui, treizième, il traîne son embarcation jusqu'au cap voisin, la remet à flots, attaque la goëlette à revers, surprend l'équipage endormi, et, après une résistance de quelques heures, revient sur ce même vaisseau qui devait l'emporter.

Mais la lutte des deux flottes sur la rivière de l'Uruguay, qui sépare Montévidéo de Buenos-Ayres, avait entravé tout commerce ; les négociants anglais et français sollicitaient depuis longtemps l'intervention de leurs gouvernements.

Une escadre anglo-française, sous le commandement de l'amiral Brown, envahit le Parana. Garibaldi dispute longuement le passage à l'amiral Brown sur les côtes de Martin-Garcia. Mais, près de Goya, un combat impossible s'engage, Garibaldi, écrasé par des forces supérieures, plutôt que de voir tomber au pouvoir de l'ennemi les trois vaisseaux qui lui ont été confiés, débarque ses blessés et ses morts, met le feu à sa petite flotte et se sauve avec ses hommes sur des canots jusqu'à Corrientes.

Garibaldi rentre à Montévidéo où les indigènes l'accueillent avec transport.

Ce fut vers cette époque qu'il épousa sa chère

Annita. Garibaldi l'aimait avec passion ; mais, loyal à l'excès et tout pénétré encore d'un triste souvenir, il crut devoir prévenir la courageuse Brésilienne des dangers qu'elle aurait à courir en associant sa vie à la sienne. Elle les accepta tous et devint la compagne du hardi chef de partisans.

Si Annita eût été moins belle, les rayonnements de son grand cœur eussent suffi pour la transfigurer.

L'union de ces deux êtres fut noble et sainte entre toutes, elle doubla les puissances de Garibaldi et développa au cœur d'Annita l'amour de la justice.

Lorsque les circonstances permirent à Garibaldi de juger le caractère héroïque de sa jeune femme, son amour, d'abord violent, prit une teinte de gravité presque religieuse. En 1843, la république, attaquée de nouveau par Rosas, autorisa Garibaldi à reformer sa légion. Alors commença une guerre étrange.

Tantôt, précipitant la marche de ses soldats, Garibaldi s'abattait sur les bataillons ennemis.

A peine remis d'une attaque imprévue, ils le voyaient disparaître ne laissant de son passage qu'une trace de sang. En vain, les régiments, lancés à toute bride, exploraient les environs : les légionnaires avaient disparu.

Garibaldi, à Monte-Cerro, fond sur deux corps d'armée et les défait tour à tour. Il disperse l'ennemi à Las-Très-Cruces. Une nuit, il cerne le camp de Bayada. Les ennemis courent aux armes dans l'obscurité. Garibaldi fait le tour du camp au galop de son cheval, une torche à la main. Son grand manteau rouge flottait au vent. Ses yeux, dirent les soldats de Rosas, lançaient des éclairs, ils crurent voir des diables, Lucifer en tête, qui dansaient en rond autour d'eux. Étourdis et effrayés, ils s'enfuirent de tous côtés sans combattre. Garibaldi s'empara du camp et s'y retrancha.

Quelques jours après, il fait une sortie et marche, avec quatre petites compagnies, à la rencontre du général Servando Gomez, qui s'avançait vers lui à la tête d'une division de douze cents hommes.

Près de Campi di San-Antonio, un combat acharné s'engage, et Garibaldi, au bout de deux heures, est vainqueur encore une fois.

L'expérience suggère à Rosas un autre plan

de campagne. Il cherche à surprendre Garibaldi, l'atteint et le cerne avec trois mille hommes près de Salta.

— C'est la peine de vaincre ! crie Garibaldi à ses trois cents compagnons ; courage !

Il fait former un carré, se place au centre, et essuie sans bouger le feu de l'ennemi.

Rosas étonné ordonne à ses bataillons d'avancer.

A un signal de Garibaldi, la petite troupe s'ébranle, charge l'ennemi avec fureur, et le met en fuite de quatre côtés à la fois.

Rosas est vaincu.

Pour Garibaldi et pour ses légionnaires, cette guerre était un prélude ; jamais ils ne marchèrent contre les soldats de Buenos-Ayres qu'au cri de : Vive l'Italie ! Ni l'enthousiasme des Montévidéens, ni les joies d'un puissant amour n'avaient pu faire oublier à Garibaldi les tortures de son pays.

Le jour de Salta, en ramenant ses troupes, le grand patriote mit pied à terre à l'endroit où s'était livré le combat. Alors, se tournant vers l'Italie et s'adressant à ses compagnons :

—Que n'est-ce pour *Elle*, dit-il, tous ces nobles

élans! Pourquoi dormir si longtemps, chère patrie! Nous sommes dignes de te défendre. Appelle-nous! appelle-nous!

— Vive l'Italie! s'écria chaque légionnaire.

La République vota des remerciements à la légion italienne, et décréta qu'elle occuperait, dans chaque combat, en souvenir de Salta, la droite de l'armée indigène. Des sommes d'argent furent votées aux légionnaires pour prix de leurs services. Tous, d'un commun accord, refusèrent cet argent.

La république leur proposa des terres qu'ils s'empressèrent d'accepter.

A certains jours, la légion défilait encore aux regards du chef adoré, puis chaque soldat retournait à la charrue.

Aussitôt que le bruit des réformes opérées par Pie IX parvint en Amérique, Garibaldi, sa femmes et deux cents légionnaires s'embarquèrent pour l'Italie, accompagnés des regrets de la population montévidéenne. On était dans les premiers jours d'avril 1848.

LA RÉVOLUTION ITALIENNE

> « Ce n'est pas Charles-Albert, c'est la
> royauté qui trahit. »
>
> G. A. G.

La République française est proclamée le 24 février 1848.

A cette nouvelle, l'Italie tout entière s'émeut, une sourde agitation se manifeste.

La France provoque la confiance des nations en publiant qu'elle est prête à soutenir de ses armes la cause des peuples qui essaieront comme elle de reconquérir leurs droits et leurs libertés.

Les gouvernants de la Péninsule se rient de cette proclamation qui retentit au cœur des gouvernés ; ils comptent sur les dissensions des États entre eux et sur l'éternel sommeil de *cette Juliette* qui, disait Bonaparte, *ne peut encore sup-*

porter le jour. Mais cette *solfatare qui toujours fume, bientôt jette des flammes.*

Le 22 mars, les Autrichiens à Milan ne tiennent plus que dans une citadelle. Le Frioul s'insurge, Vicence a reconquis sa liberté, la Dalmatie adhère à l'union italienne ; les citoyens de Brescia ont chassé leur garnison, l'archiduc est prisonnier à Vérone.

— Aux armes donc, la jeunesse toscane ! s'écrie Guerrazzi à Gênes.

Et la jeunesse toscane répond avec enthousiasme à son appel. Les Livournais courent aux frontières, Padoue a brisé le joug autrichien ; deux légions romaines marchent au secours de Milan, et Garibaldi débarque !

Mort à l'Autriche !

Charles-Albert seul a compris le danger. Impuissant à dominer ce mouvement, il essaie de lui imprimer sa propre direction. Le 26 mars, il franchit le Tessin, se proclame le chef de l'indépendance italienne et marche à la tête de la Révolution.

Pauvre chef pour si grande cause, *d'une foi douteuse,* dit Canino, ne sachant défendre ni repousser aucune idée ; à la fois brave et hésitant.

Mince tacticien dont les expériences militaires se réduisirent à la guerre du Trocadero.

Une fois le Tessin franchi, Charles-Albert reste pendant huit jours dans la plus complète inaction; son armée, sans cesse grossie par les volontaires qui arrivent de toutes parts, brûle d'en venir aux mains. Entraîné par ses soldats, il se décide à agir. A la première attaque, il refoule les Autrichiens jusque sous les murs de Mantoue.

Les débuts sont encourageants : au chef de l'indépendance italienne à en profiter! mais le voilà qui attend encore, pourquoi? le sait-il?

Les Autrichiens, avec des forces supérieures, reviennent devant Peschiera; repoussés de nouveau, ils perdent la bataille de Santa-Lucia.

Au lieu de poursuivre l'armée ennemie, Charles-Albert s'acharne devant Peschiera et traîne l'action. Les Autrichiens reçoivent des renforts; bientôt ils prennent position dans le cimetière de Colmasino et s'y retranchent. Ils en sont chassés.

Peschiera tombe au pouvoir de Charles-Albert. Radetzki est battu à Goïto! Ce fut un beau jour, jour glorieux pour l'armée de l'indépendance, où chaque soldat donna des gages de dévouement à la patrie.

Il eût fallu profiter de ces magnifiques élans, rejeter l'ennemi aux frontières. Charles – Albert négligea les plus puissants moyens d'action ; on eût dit qu'il tenait à laisser reposer les Autri-chiens.

Radetzki se replie sur Vicence ; le roi de Pié-mont le laisse faire, n'envoie aucun secours. Toute la Vénétie est alors reprise ; Venise seule résiste encore et nomme Manin dictateur.

Radetzki devine les hésitations de Charles-Al-bert ; il reprend l'offensive le 22 juillet ; l'armée piémontaise le bat à Corrona et le rejette jusque sur Caprino.

Mais ces défaites successives ne découragent pas le vieux général. Tandis que le roi de Pié-mont prépare mollement de nouveaux plans de campagne, Radetzki médite d'énergiques projets d'attaque.

Garibaldi, après une longue lutte dans le Ty-rol, arrive à Milan.

Le voilà ! Qu'on l'envoie pour commander ou pour obéir, le voilà prêt à marcher à l'ennemi. Le comité de salut public de Milan nomme Garibaldi général et l'autorise à marcher sur Brescia, à la tête d'une division de volontaires.

Garibaldi sort de Milan avec trois cents soldats; mais, sur son passage, il entraîne tous les cœurs qui vibrent aux mots de vengeance et de liberté.

— Viens ! crie Garibaldi au laboureur, prends ta faux et laisse ta charrue.

Chaque fois que Garibaldi appelle aux armes, tous ceux qui aiment l'Italie le suivent.

En quatre jours, le nouveau général, à la tête de trois mille hommes, parvient à Brescia.

Radetzki revient attaquer Charles-Albert, près de Volta : une lutte acharnée s'engage entre les deux armées ; le combat dure quarante – huit heures ; commencé le 27 juillet, à deux heures du matin, il ne cesse que le 29, à dix heures du soir. Enfin, les troupes piémontaises, épuisées et inférieures en nombre aux troupes autrichiennes, sont forcées de battre en retraite.

Un profond découragement s'empare des soldats de l'indépendance. Charles-Albert demande un armistice... Radetzki accorde l'armistice à des conditions inacceptables.

Le roi de Piémont se retire sur Crémone; la

3.

chaleur et la faim déciment son armée. Poursuivi par le général autrichien, il est forcé de s'abriter sous les murs de Mantoue. Il prend position près la Porte Romaine.

Les Autrichiens franchissent l'Adda ; le 4 août, ils sont aux portes de Milan.

Les Milanais organisent la défense : tout le monde court aux armes ; la ville est barricadée ; on brûle les maisons qui cachent la vue des remparts.

Peines inutiles : Charles-Albert, pendant ces préparatifs, a demandé une capitulation.

Les Milanais crient à la trahison. Le roi s'échappe à grand'peine de la ville et se retire en Piémont.

Ce n'est pas Charles-Albert, c'est la royauté qui a trahi.

Garibaldi accourt à Milan ; mais les événements ont marché plus vite que le général.

Radetzki est rentré dans la ville, Charles-Albert a demandé une capitulation... Ce fut un coup terrible au cœur de l'ardent patriote.

— Morte l'Italie, morte l'Italie ! s'écriait-il avec rage, morte encore une fois, malheur ! malheur ! L'injustice triomphe ! Ah ! toutes mes croyances se brisent en même temps ; justice !... patrie !... Il songeait avec désespoir aux forces que Charles-Albert avait eues entre les mains.

—A sa place, j'eusse vaincu ! murmurait Garibaldi, je le sens... et il sentait vrai.

Garibaldi anéanti, se retire à Oseppo, s'y enferme et résiste vingt et un jours.

Le soir du vingtième jour, Annita, la vaillante compagne du général, parcourt seule les remparts. Garibaldi blessé est réduit à l'inaction.

Nul ne s'aperçoit de l'absence du chef adoré, puisqu'*elle* est là.

Autour d'Annita des hommes s'agitent dans un tourbillon de fumée, des obus éclatent à ses pieds. Elle encourage les soldats qui, lassés, se retirent derrière les ouvrages de défense. Elle va franchissant les brèches à travers les tronçons mutilés, et marche sans pâlir sur les membres brusquement séparés par les boulets et qui frémissent convulsivement encore.

Sa voix reste ferme et domine les cris de douleur, les râles d'agonie et les malédictions contre l'Autriche.

A l'horizon, des lignes sombres s'agitent en tous sens, le soleil, voilé par des nuages de poudre, éclaire cette scène d'une lueur sinistre.

La nuit vint, l'ennemi rentra dans ses lignes, les assiégés, sauf les sentinelles, allèrent prendre quelque repos.

Dès qu'elle eut organisée la surveillance, Annita courut près de son mari.

A l'entrée d'Annita, Garibaldi sourit doucement :

— Eh bien ! chère et vaillante femme ! quoi de nouveau ? lui demanda-t-il : quoi de nouveau ?

— Un jour à ajouter aux jours de résistance.

— Seulement ?

— Seulement. Et puis... je crois...

— Tu crois... Parle ! douterais-tu de mon courage, Annita ?

— Oh ! non... jamais je n'ai douté de toi. En voici la preuve, écoute... Demain nous serons forcés de nous rendre.

— Nous rendre ! s'écrie Garibaldi en bondissant.

— Ou bien, ajoute froidement Annita, ou bien nous devons nous faire écraser dans une sortie.

— A la bonne heure ! mais pourquoi ?

— Pourquoi... les vivres manquent !

— Les vivres manquent ! répéta le général.

Et, prompt comme la foudre, malgré les vives souffrances que lui causent ses blessures, il se précipite hors de son lit et s'habille à la hâte.

Le général avait oublié la présence de sa femme.

Lorsque Annita le vit prêt à sortir, elle se précipita au devant de lui et s'écria d'une voix vibrante :

— Giuseppe ! tu es grand ! va ! Je t'aime comme tu mérites d'être aimé.

Garibaldi attira sa compagne sur son cœur, puis, lui prenant la tête, il la baisa longuement et s'élança dehors.

Après le départ du général, Annita sentit une larme au bord de ses cheveux et le secret de cette larme, elle le cacha avec amour au fond de son cœur.

Trois heures venaient de sonner à l'église d'Oseppo, lorsque Annita, montée sur son petit cheval noir, arriva sur la place d'armes.

Le général aussi, à cheval, haranguait ses soldats.

— Compagnons, leur disait-il, nous sommes sans pain, nous ne pouvons nous manger. Sortons d'Oseppo, et sachons mourir comme doivent mourir les derniers défenseurs de l'indépendance italienne. Vive l'Italie !

L'Italie vivait encore au cœur de Garibaldi.

— Vive l'Italie ! répétèrent cinq cents voix avec enthousiasme.

La petite troupe s'ébranla.

Garibaldi et ses hommes atteignirent bientôt un pont qu'il s'agissait de franchir et de faire sauter alors qu'on l'aurait franchi, afin de couper la poursuite à l'ennemi.

Au moment où la tête de la colonne traversait le pont, une forte décharge d'artillerie avertit le général que le passage était bien gardé.

Il fit rebrousser chemin à sa troupe espérant gagner un gué voisin. En tournant, grâce aux premières lueurs du jour, Garibaldi aperçut un régiment de uhlans qui fondait sur lui. Il n'y avait nul moyen d'échapper. Derrière le premier régiment un second s'était élancé, qui le rejoignit bientôt.

—Allons, s'écria Garibaldi, en avant ! suivez-moi !

Tous, le sabre au poing, se ruèrent sur l'ennemi au galop de leurs chevaux, taillèrent de droite et de gauche, se frayèrent un passage, et disparurent. Quand les Autrichiens firent volte-face, ils ne virent plus rien. Les derniers soldats de l'indépendance étaient sauvés encore une fois.

Le 14 août, Garibaldi entre à Arona ; le 15, il attaque sur des canots deux bateaux à vapeur autrichiens, fait l'équipage prisonnier, et descend sur ces bateaux jusqu'à Luino.

A Varèze, à Côme, à Olgiata, il rencontre les Autrichiens et leur cause des pertes considérables.

Mais ne pouvant lutter avec quelques centaines d'hommes contre les armées autrichiennes réunies, il passe en Suisse.

Honneur à celui qui préfère l'exil à la domination de l'étranger !

LA RÉPUBLIQUE ROMAINE

« Ce que j'ai prédit adviendra. Ils
perdront leurs biens temporels. »
JEAN HUSS.

Lors de l'avénement de Pie IX au trône pontifical, le joug de l'Autriche pesait lourdement
sur l'Italie, les diplomates autrichiens gouver-
naient pape, princes et ducs.

Des écrivains, profitant de quelques concessions
libérales faites par Pie IX, persuadèrent un instant à l'Italie que l'Église seule pouvait la sauver.
On avait besoin de croire et on crut à ce miracle.

Tort immense... les papes, ennemis logiques de
la virtualité et de la raison progressives de l'humanité, voient forcément, dans chaque manifes-
tation de cette universelle puissance, un obstacle

et une menace à leur puissance individuelle.

L'histoire est là qui nous fournit mille preuves de l'influence rétrograde et mauvaise qu'exercèrent les papes sur les nations soumises à leur pouvoir spirituel.

Que de fois la fausse politique des papes faussa la politique des États catholiques. La maison de Habsbourg, la *bien-aimée des papes*, non contente de frapper les réformés de son sceptre de fer, a trop souvent emprunté pour les achever la crosse de ses suzerains spirituels.

Le 15 novembre 1848, le peuple de Rome, las enfin des habiles tromperies du gouvernement pontifical et des fausses promesses de son chef, se présente aux portes de la chancellerie et demande à être admis aux séances des Chambres.

La foule entraîne ses députés, se porte au Quirinal, et réclame du pape 1° : La reconnaissance de la nationalité italienne ; 2° la formation immédiate d'une Assemblée constituante ; 3° le changement du ministère.

Pie IX résiste d'abord, fait fermer les portes de son palais, tirer sur le peuple ; mais il cède bientôt aux menaces de la foule armée.

Le 17, des envoyés d'un cercle populaire présentent au pape une liste ministérielle. Le Saint-Père accepte quelques-uns des noms désignés par le peuple. Les jours suivants il paraît satisfait de la nouvelle combinaison de son cabinet. Puis tout à coup, le 26, on apprend que Pie IX a quitté Rome nuitamment, et presque aussitôt qu'il s'est réfugié à Gaëte, se plaçant ainsi sous la protection du roi de Naples. — Grand émoi dans la ville des papes ! Avant de prononcer la déchéance de leur chef temporel, les Romains épuisent vis-à-vis de lui tous les moyens de conciliation. Sur son refus de rentrer dans Rome, une Commission de trois membres est chargée de procéder à la formation d'une Assemblée constituante.

Garibaldi, après un court séjour en Suisse, était venu, appelé par les Piémontais, siéger à la Chambre de Turin. Toujours audacieux , et n'ayant plus alors d'autre arme que la parole, bien souvent il frappa en pleine poitrine les généraux et le roi lui-même.

Charles-Albert, poussé par les libéraux piémontais , recommence tout à coup sans appel aux populations de l'Italie, les hostilités contre l'Autriche.

Garibaldi refuse de s'associer à cette nouvelle

expédition , proteste énergiquement contre le parti auquel il doit son élection, et s'éloigne de Turin avec sa femme et ses enfants.

La Sicile était retombée au pouvoir du bombardeur. Gênes redemandait son duc. Venise résistait encore. Pie IX venait de quitter Rome.

Garibaldi se dirigea vers cette ville, où se concentrait alors le foyer de la Révolution. Il y arriva avec deux mille volontaires et y fut accueilli avec enthousiasme.

Le récit de ses luttes hardies, sa mâle beauté, la présence de sa femme et de ses enfants, jusqu'à son pittoresque costume, tout transporte, émeut la foule; à son aspect, Rome se croit sauvée.

Le chef de partisans devient membre de l'Assemblée constituante.

Dans la séance du 5 février 1849, Garibaldi engage ses collègues hésitants à proclamer la République.

Le 23 mars, Charles-Albert est complétement battu à Novare par les Autrichiens ; il abdique, le même jour, en faveur de son fils, Victor-Emmanuel.

Les Autrichiens marchent sur Rome. Les Espagnols et les Napolitains arrivent au secours de Pie IX.

Le 24 avril 1849, les Français débarquent à Civita-Vecchia, à la grande joie des Romains, qui voient en eux des alliés.

Mais, bientôt, une lettre de Ricciardi, écrite de Paris, éclaire l'Assemblée constituante sur les véritables projets du gouvernement français.

— Citoyens, s'écrie Sterbini, laisserez-vous des étrangers vous imposer le gouvernement papal?

— Vive la République! tel fut le cri unanime de l'Assemblée.

Garibaldi court aux remparts. Nommé général de la légion lombardo-romaine, il organise la défense.

Lorsque, le 30 avril, les Français prennent position sous les murs de Rome, ils y sont vigoureusement attaqués.

A la suite de cette affaire, des négociations sont entamées entre le gouvernement français et le Triumvirat. Pendant un armistice, Garibaldi sort de Rome à la tête de huit mille hommes et marche à la rencontre du roi de Naples; il l'atteint à Valmontone, le combat à Palestrina et le pousse dans Velletri.

Le lendemain, sans un canon, il s'empare de Velletri et poursuit Ferdinand II jusqu'à Bocca d'Acre.

Rappelé par la République inquiète des mouvements qu'opéraient les troupes françaises sur la droite du Tibre, Garibaldi renonce à s'emparer de la personne du roi de Naples, projet qui, à Velletri, avait été bien près d'être mis à exécution.

Le général des troupes lombardo-romaines rentre à Rome et y reçoit une véritable ovation.

Dans les premiers jours de juin, le général Oudinot commence l'attaque de la ville.

Les opérations du siége s'étendaient de Ponte-Malo à la Villa-Pamphili. Garibaldi établit son quartier général au Vascello; près la porte Saint-Pancrace. Surtout et toujours chef de partisans, à la tête d'hommes complétement dominés par son caractère audacieux, il exécute les manœuvres les plus hardies.

Un jour, il tente d'enclouer les canons qui menacent le Transtévère. Surpris par deux régi-

ments de ligne, il s'échappe à grand'peine et
rentre le dernier dans la place.

Une nuit, il sort de Rome avec deux cents légionnaires, attaque en flanc l'armée française et
lui cause des pertes sensibles.

Le soir de la fête de Saint-Pierre, les Français
commençaient l'attaque de la porte Saint-Pancrace, si héroïquement défendue par Garibaldi.
La nuit vint et obligea les combattants à cesser
leur feu et à rentrer dans leurs lignes; mais
bientôt la coupole de la Basilique, brillamment
illuminée, suivant l'habitude, en l'honneur du
patron de la vieille cité catholique, répandit sur
la ville des flots de lumière. Assiégeants et assiégés recommencèrent alors le combat avec un
nouvel acharnement.

Les gardes rouges de Garibaldi prirent, ce
soir-là, des proportions fantastiques.

Un nouveau trait d'héroïsme signala ce combat nocturne : un de ces gardes est tué au service d'une pièce, un second le remplace et a le
même sort ; cinq autres viennent ainsi, l'un
après l'autre, se dévouer pour continuer le feu et,
successivement, tombent au cri de : Vive l'I-
talie !

C'était un chasseur de Vincennes qui les avait tous abattus.

Un huitième ne se présente pas, Garibaldi regarde autour de lui et, ne voyant personne s'avancer, il s'approche de la pièce, y met le feu. Le chasseur de Vincennes, à son tour, est coupé en deux par un boulet.

Plutôt qu'abandonner un poste confié à leur honneur, les volontaires de Garibaldi se laissent écraser sous les décombres de Casino-Quattroventi.

Malgré les efforts inouïs de la défense, le siége de Rome touchait à sa fin.

Le 4 juillet, les Français étaient maîtres de toutes les positions.

Garibaldi est appelé à la Constituante.

—Pouvons-nous résister encore? lui demande-t-on de toutes parts.

— Nous le pouvons, répond laconiquement le général.

— Que faut-il faire?

— Il faut à l'instant évacuer le Transtévère couper les ponts du Tibre et...

— Et combien de temps tiendrons-nous? hasarde un des membres de l'Assemblée.

— Quatre ou cinq jours. Après quoi, pour ne pas nous rendre, nous nous faisons sauter.

La Constituante goûta peu la conclusion.

Le lendemain, 5 juillet, les Français entraient dans Rome.

Garibaldi en sortit le même jour.

Son courage, son habileté avaient trouvé des admirateurs dans l'armée française elle-même. Le général Vaillant, dans son rapport sur le siége de Rome, se plaît à rendre hommage à la sûreté de ses vues, à son indomptable énergie et à ses talents militaires.

« Il était partout, dit le général, et de ses volontaires il avait fait de vieux soldats. »

Annita, comme à Oseppo, avait, pendant le siége de Rome, parcouru les remparts.

Garibaldi, dont les troupes étaient divisées en légions et en cohortes, avait donné à sa femme le commandement d'une centurie.

Le jour de la prise de Rome elle rassembla, sous le feu de l'ennemi, sa petite troupe et opéra sa retraite en bon ordre.

Garibaldi quitta Rome ; mais avant de se mettre en marche, il avait adressé à ses légionnaires la proclamation suivante :

« Soldats,

« Voici ce qui vous attend : la chaleur et la
« soif pendant le jour, la faim pendant la nuit,
« point de solde, point de repos, point d'abri ;
« mais, en revanche, une misère extrême, des
« alertes et des marches continuelles, des com-
« bats à chaque pas. Que ceux qui aiment l'Italie
« me suivent ! »

Les soldats à qui s'adressaient ces nobles pa-
roles, étaient dignes de les comprendre. Braves
et dévoués jusqu'à la mort à la cause de l'indépendance, ils suivirent Garibaldi.

Une seule ville n'était pas retombée encore
sous le joug de l'étranger : c'était Venise. Garibaldi forme le projet d'aller s'y jeter, et de tomber, s'il arrive à les atteindre, sur les derniers
remparts de la liberté !

Il marche sur Lodi à la tête de 5,000 hommes.
Atteint par le général Guesviller, que le général
Oudinot envoie à sa poursuite, il soutient contre
les troupes françaises une lutte acharnée et leur
échappe. Mais, près de Fuligno, une division
d'Autrichiens tente de s'emparer de lui ; il la
culbute et continue sa route.

Les volontaires, épuisés par toutes sortes de privations, ne se reposent d'un combat que dans un autre combat. En vain le chef déploie les plus sérieuses connaissances stratégiques, la légion s'affaiblit de jour en jour, sans espoir d'être renforcée.

Partout on accueille les derniers soldats de l'indépendance avec sympathie, mais leur voix reste sans écho. La défaillance a remplacé l'ardeur des premiers jours.

La proclamation de Garibaldi au parti libéral, à Montepulciano, ne provoqua aucun élan patriotique.

Des avertissements secrets engagent Garibaldi à se rendre en Toscane, où les populations, lui assure-t-on, sont prêtes à se soulever au premier signal. Il part et se réunit en chemin au colonel anglais Forbes, qui commandait une petite troupe de partisans.

Mais, en Toscane, il ne rencontre, là encore, que pitié et dévouement, nul désir de secouer le joug autrichien.

Découragé, Garibaldi se remet en marche et arrive aux frontières de la république de Saint-Marin.

Il en fait demander l'entrée par le père Ugo Bassi, son aumônier ; par crainte de l'Autriche, les San-Marinois la lui refusent.

L'énergique patriote, le chef indomptable, est accablé ; tout l'engage à en finir avec une guerre devenue impossible. L'armée manque de vivres, il ne reste aux soldats de l'indépendance qu'une dernière ressource pour échapper à la mort... le vol à main armée.

Garibaldi proteste jusqu'au dernier jour contre ce moyen qui répugne à sa loyale nature. Il fait fusiller ceux de ses hommes qui apportent des vivres arrachés par la force aux paysans.

Annita, la fière amazone, se courbait languissamment sur le cou de son cheval ; grosse de six mois, épuisée par les dernières privations, elle souffrait en silence. Mais Garibaldi a deviné les tortures de sa femme ; d'ailleurs il sait... qu'elle a faim, car lui aussi... il a faim. Ils n'ont pas mangé depuis deux jours.

Attaqués par les Autrichiens, les soldats de Garibaldi se jettent dans les montagnes de Carpagna ; poursuivis, ils se réfugient sans ordre sur le territoire san-marinois.

Garibaldi les arrête et leur dit : « Compagnons,

nous voilà en pays libre et sûr, sachons mériter par notre irréprochable conduite le respect et la sympathie qu'on doit au malheur persécuté. »

Après cette allocution, Garibaldi et sa troupe pénètrent dans la capitale de la république. Il parlemente avec les autorités et déjeune à l'hôtel de ville.

La légion était forte encore d'environ 1,500 hommes ; Garibaldi, à la demande des autorités qui craignaient la vengeance des Autrichiens, prend la résolution de licencier sa troupe, il fait demander au général ennemi des saufs-conduits pour ceux de ses soldats qui déposeraient les armes ; les saufs-conduits lui sont accordés à la condition : 1° qu'il passera immédiatement en Amérique avec sa femme et son état-major ; 2° que les soldats devront attendre les saufs-conduits du général-commandant de Bologne.

Garibaldi, ne pouvant accepter ces conditions et ne voulant pas, d'autre part, compromettre la tranquillité de la petite république qui lui avait donné asile, s'échappe pendant la nuit, avec cent cinquante hommes seulement.

Dès le lendemain, il évite la poursuite de

l'ennemi, en atteignant les bois qui bordent la route de Rimini à Ravenne.

Le gouverneur de Bologne met sa tête à prix et lance contre lui la proclamation suivante :

« Celui qui donnera du pain, du feu ou de l'eau à Garibaldi ou à sa suite, sera soumis à la loi martiale. »

Le général Gorzowski n'oublia même pas la vaillante Annita.

Lorsque les légionnaires restés à Saint-Marin apprirent le départ de leur général, ils poussèrent des cris affreux ; quelques-uns se mirent à courir en tous sens pour le rejoindre ; d'autres, que la mort n'avait jamais fait pâlir, perdirent connaissance ; quelques-uns se donnèrent la mort. L'archiduc Ernest, qui se trouvait près de la capitale, fit désarmer les malheureux délaissés. Ce fut un spectacle émouvant pour les soldats autrichiens eux-mêmes : les garibaldiens embrassaient, avant de les rendre, leurs vieilles armes à moitié brisées.

Avant de se séparer pour être emmenés sur divers points, ils se promirent de se retrouver un jour, pour le même but, sous le commandement de leur chef adoré.

Mais la plupart devaient expier chèrement leur dévouement à la cause de la liberté : huit cents furent enfermés à Mantoue, dans d'humides cachots, et n'en sortirent que pour être incorporés dans des régiments autrichiens. Ceux qui ne voulurent pas *transiger avec l'ennemi* furent massacrés à Macerata-Peltria.

Suivons Garibaldi dans sa fuite.

A mesure que le danger grandit, Garibaldi s'élève en ardeur et en fermeté.

Sans nourriture, sans asile, il parvient, avec ses compagnons, à gagner la mer; avec eux, il se jette dans treize barques de pêcheurs et fait voile pour Venise. Peut-être là trouvera-t-il un abri pour lui et les siens. Mais, tout à coup, l'œil exercé de Garibaldi découvre un vaisseau à l'horizon, et bientôt il distingue le pavillon autrichien.

— Mes amis, s'écrie-t-il, nous sommes perdus !

Et, se jetant au gouvernail, il lance la barque jusqu'à la plage de Mesola. Quatre barques seulement le suivent; les sept autres, dans lesquelles se trouvent Ugo Bassi, Cicero, Vacchio et ses fils, les trois Brunetti, tombent au pouvoir de l'ennemi, qui fait indistinctement fusiller les héroïques et malheureux compagnons de Garibaldi.

Une fois débarqués, ceux qui s'étaient échappés avec Garibaldi se séparent et se disséminent sur tous les points. Lui, accompagné d'un officier et de sa femme, se dirige sur Ravenne.

Le voilà presque seul, errant, proscrit. Où sont ses vaillants soldats? Morts la plupart! Tant de luttes, tant de dévouements, tant d'énergie, tant d'héroïques sacrifices n'ont donc servi qu'à alourdir encore le joug de l'étranger, à river plus solidement la chaîne de l'Italie.

Pour comble de malheur, Garibaldi voit avec effroi sa chère Annita s'affaiblir de plus en plus. Un matin qu'ils sortaient, pour reprendre leur triste route, d'une cabane où ils avaient passé la nuit, Annita chancela tout à coup.

— Annita! murmura Garibaldi en la prenant dans ses bras, c'est la première fois que je te vois si pâle et si faible.

Et il la porta jusqu'à une chaumière voisine; mais, à peine arrivé, on vint les avertir qu'un parti d'Autrichiens s'est mis à leur poursuite. Au risque de sa vie, un paysan attelle sa carriole et conduit les réfugiés jusqu'aux portes de Ravenne.

Ils demandent asile au marquis Guiccioli qui leur donne l'hospitalité dans un chalet, à quelque distance de la ville.

La santé d'Annita s'affaiblissait plus que jamais. Un jour, au milieu d'un dîner, elle se renversa sur son siége et tomba. Garibaldi se précipita vers elle, la prit et l'emporta au jardin. Le marquis Guiccioli et le dernier compagnon de Garibaldi l'y suivent. Là ils sont témoins d'une scène déchirante. Annita était morte ! Garibaldi courait éperdu dans le jardin, la pressant sur son cœur, ne s'arrêtant que pour l'appeler :

— Oh ! réponds-moi, s'écriait-il, réponds-moi! Si tu tardes encore, à mon tour je ne te répondrai plus... Je souffre tant!... Ne meurs pas, Annita, ne meurs pas... ce serait trop...

Pendant deux jours, on ne put lui reprendre ce corps tant aimé. Sa raison semblait égarée, il s'obstinait à nier son malheur.

Quand parfois il reprenait conscience de lui-même, si le marquis Guiccioli essayait de lui rappeler sa patrie :

— Taisez-vous, lui disait-il, ou pleurez avec moi.

Enfin, il fallut rendre à la terre les restes chéris d'Annita. Garibaldi embrassa sa femme une dernière fois et tomba sans connaissance à côté de la fosse.

On crut cette puissante nature foudroyée par la douleur. On le releva, et à force de soins on le rappela à la vie.

Il quitta Ravenne au bout de quelques jours. Les hommes de toutes les classes, malgré les menaces de Gorzowski , prêtèrent assistance au valeureux proscrit, et parvinrent à le soustraire aux recherches et à la cruauté de ses ennemis.

Il atteignit les États-Sardes et alla rejoindre à Turin, vers la fin du mois d'août, ses enfants qu'il y avait renvoyés pendant la campagne de Rome.

————

NOUVEL EXIL

Un immense découragement s'était emparé de l'Italie ; elle venait d'éprouver cruellement son impuissance à secouer le joug autrichien.

Garibaldi comprit cet abattement. Sans perdre encore l'espoir d'une résurrection de l'Italie, il s'en éloigna, et sa dernière parole ne fut pas adieu, mais au revoir !

Il s'embarqua de nouveau pour l'Amérique.

Une poignante douleur lui déchirait l'âme. Durant les longues heures de la traversée, nulle main chérie ne pressait la sienne, nul doux regard ne reflétait son regard, nulle voix aimée ne murmurait à son oreille : « Nous serons deux pour souffrir et pour attendre ! »

Garibaldi, arrivé en Amérique sans moyens d'existence, dut en demander à l'industrie. Les

Américains avaient pour l'énergique patriote une estime profonde et une sérieuse sympathie. Ils essayèrent de lui faciliter des opérations industrielles en mettant à sa disposition l'argent qu'il pouvait désirer ; mais il refusa constamment ces offres généreuses, ne voulant devoir qu'à son travail le bien-être qu'il pourrait acquérir.

Bientôt cet immobilisme lui pèse ; plus que jamais il a besoin d'agitation... Toujours dans sa pensée passent et repassent deux images adorées : celle d'Annita morte et celle de la patrie enchaînée.

Pour échapper à ces douloureux souvenirs qui l'obsédaient, il s'embarqua pour San-Francisco, et bientôt de là pour la Chine. En 1852, il revint en Amérique et accepta le commandement en chef de l'armée péruvienne.

Dans ce poste élevé, il trouva de nouvelles occasions de se distinguer.

La paix étant faite, Garibaldi, réduit à l'inaction, accepta le commandement d'un navire marchand, et revint à Gênes, où, pendant quelque temps, il se livra au commerce maritime ; puis il se retira près de Nice, avec ses enfants, dans la petite île de Caprera, où il fit de l'agriculture en grand. Comme à Montévidéo, il tira un parti avantageux des terrains de l'île, qu'il sut défricher et féconder.

De temps en temps, il larguait une voile latine et allait à Gênes s'enquérir de l'état des esprits; quelquefois, le dimanche, il jouait aux boules avec les marins.

C'est ainsi que, durant cinq ans, il vécut avec simplicité, entouré de sympathie, constatant chaque jour, avec une noble joie, que l'Italie, au lieu d'accepter pour ses droits la prescription du temps, à mesure que les années s'écoulaient, souffrait plus impatiemment de la servitude et aspirait plus vivement à s'en délivrer.

LA GUERRE DE L'INDÉPENDANCE.

> « Si tous les peuples de la Péninsule
> viennent à établir et à faire reconnaître
> leur pleine indépendance, le despotisme
> est vaincu sur tous les champs de ba-
> taille, et il n'y a plus de guerres en Eu-
> rope. »
>
> TIMON.
>
> « Tôt ou tard, on sera forcé d'en finir
> avec l'Autriche, car l'Autriche voudrait
> en finir avec nous. Il faut que l'Europe
> entière, que le monde civilisé prononce
> la déchéance des Habsbourgs. »
>
> ALFRED MICHIELS.

La société se putréfie, disaient d'aucuns, et ils passaient avec dégoût.

Beaucoup lui jetaient leur part d'ordure.

Quelques-uns applaudissaient à ces derniers, espérant que de cette décomposition qu'ils acti-

vaient, sortirait peut-être une végétation nouvelle. D'autres désespérés cherchaient en vain
autour d'eux la trace de cette grande loi de
perfectibilité que la saine compréhension de
l'histoire leur avait appris à constater dans le
passé.

Une nature confiante dans le progrès de l'humanité surgissait-elle? Les ironies des indiffé-
rents la décourageaient, les rires insultants des
sceptiques couvraient sa voix impuissante à par-
venir aux faibles et à consoler les affligés.

Près de cette société, les empiriques seuls
avaient quelque chance de réussite. — Aussi, les
voyait-on surgir en foule et débiter leurs drogues
avec succès.

Parfois cependant quelques brusques soubre-
sauts venaient démentir ceux qui affirmaient que
la vieille société européenne n'avait plus d'élé-
ments vitaux. De pauvres médecins, gens de
bonne foi, proposaient d'opérer la malade de leurs
mains inhabiles et tremblantes.

Le chaud soleil d'Italie pouvait seul la ranimer,
cette pulmonique société ; elle l'a senti.

Malgré d'horribles convulsions, déjà elle a
repris force ; déjà elle est assez revivifiée pour

subir autre chose que le brutal instinct de conservation que les approches de la mort développent toujours au cœur des agonisants.

Elle vivra ! du soleil ! du soleil !

.   .   .   .

.   .   .   .

Avant la Révolution française, les peuples inconscients, poussés à la guerre par leurs gouvernants, vraies machines qu'un égoïste orgueil faisait seul mouvoir à son profit, combattaient mollement, automatiquement.

Aussi les guerres étaient-elles très-longues et peu meurtrières.

Aujourd'hui chaque peuple agit de lui-même, et suit ses propres inspirations.

Si Garibaldi a provoqué jusque dans les classes les plus élevées tant et de si soudains dévouements, tant d'aveugle obéissance, c'est que les Italiens, tous indistinctement, ont compris que le grand patriote saurait mettre en jeu toutes leurs activités, comprendre tous leurs besoins et défendre tous leurs droits.

Nous avons personnifié l'Italie en Garibaldi ; parler maintenant de ses succès, de son héroïque courage, de son impatience à briser le joug de l'étranger, de son ardente soif d'indépendance, c'est parler de l'Italie tout entière.

Garibaldi est la harpe qui résonne énergiquement au souffle de la liberté.

.   .   .   .

Comprenant qu'il valait mieux, au lieu d'agir individuellement, resserrer et concentrer les moyens d'action, unifier les efforts, Garibaldi est allé au premier signal de la résurrection de sa patrie, mettre son épée au service du Piémont, sentinelle avancée de l'Italie.

Victor-Emmanuel, plus capable que son père d'apprécier la valeur réelle de ce chef de partisans (1), l'a nommé général dans son armée et autorisé à former immédiatement une division de volontaires.

Comptant trop peut-être sur l'habileté de Garibaldi à se créer des ressources, il l'a laissé à lui-même, ne lui a fourni ni équipements, ni armes.

— Vous n'avez pas de canon, disait un général

(1) Charles-Albert, après le succès de Goïto, avait refusé les services de Garibaldi.

Garibaldi ; comment attaquerez-vous les Autrichiens !

— N'en ont-ils pas ? répondit le célèbre condottiere, je leur en prendrai ?

Garibaldi ne s'est jamais plaint, quoi qu'on en ait dit, de l'indifférence du gouvernement piémontais à son égard ; il l'a provoquée même jusqu'à un certain point ; quoique faisant partie de l'armée piémontaise, il n'a voulu être soumis à aucune direction supérieure, ni recevoir d'ordres du général en chef ; c'est ce qui constitue sa force ; il peut toujours être l'homme du moment et provoquer les manœuvres que réclame la situation.

M. de Cavour, ayant appris qu'il faisait fusiller sans jugement les volontaires récalcitrants, essaya de lui prouver que la chose était illégale.

— Si vous ne pouvez, répondit Garibaldi au ministre, me laisser toute liberté d'agir comme je l'entends, je serai forcé de donner ma démission de général et de combattre à mon corps défendant.

Toute observation cessa. Garibaldi, sur 30,000 volontaires accourus à sa voix, en a choisi dix mille, parmi lesquels se trouve son fils aîné Riccioti.

Il exige de ses soldats une aveugle soumission ; il les forme lui-même et arrive bientôt avec des hommes inexpérimentés à une précision incroyable.

Il divise chaque compagnie de ses volontaires en escouades, et à chacune de ses escouades il apprend des exercices différents. Une fois en campagne, il attaque l'ennemi de mille manières, le harcelle, l'impatiente et le déconcerte. Chaque soldat porte un sifflet à la bouche, et toute l'armée correspond au moyen de certains sons. Garibaldi commande lui – même avec un sifflet, transmet instantanément les ordres les plus contradictoires, et provoque, par ce moyen, des mouvements pour ainsi dire spontanés.

La manière de nos zouaves et de nos turcos peut seule donner une idée de celle dont les volontaires de Garibaldi combattent. Comme eux, ils grimpent sur les arbres, rampent à terre, franchissent d'un élan les clôtures, s'élancent par bonds sur l'ennemi et traversent les rivières sans mouiller ni poudre ni armes.

Garibaldi punit avec une inflexible sévérité la

moindre infraction à la discipline qu'il a établie, et à laquelle, lui-même, il se soumet.

Au début de la campagne, avant de se mettre en marche, il adressa à ses soldats la proclamation suivante :

« Mes enfants, vous êtes un contre cinq ; de-
« vant vous la mort, derrière vous, les fusils de
« vos camarades, qui tueront comme un chien
« le premier qui recule. Nous n'avons pas de ca-
« nons, il faudra en prendre. Que nous soyons
« tués, qu'importe ! Il faut que l'Italie soit libre !
« Voilà notre seule récompense ! »

Garibaldi est arrivé à Romagno le 23 mai, à la tête de cinq mille hommes, sans compter les chasseurs des Apennins.

Il s'est porté sur Arena et de là sur Laveno, avec l'intention d'insurger tout le district de Côme.

Le 24, il passa le Tessin et se dirigea sur Sesto-Calende.

En mettant le pied sur le territoire des Lombards, il leur adressa cette proclamation :

« Lombards !

« Vous êtes appelés à une nouvelle vie et vous
« devez répondre à l'appel, comme le firent vos
« pères à l'onsida et à Legnano. L'ennemi est
« encore le même : atroce, assassin, impitoyable
« et pillard. Vos frères de toutes les provinces
« ont juré de vaincre ou de mourir avec nous.
« C'est à nous de venger les outrages, les insul-
« tes, la servitude de vingt générations passées;
« c'est à nous de laisser à nos fils un patrimoine
« pur de la souillure de la domination des soldats
« étrangers.

« Victor-Emmanuel, que la volonté nationale
« a choisi pour notre chef suprême, m'envoie
« au milieu de vous pour vous organiser dans les
« batailles patriotiques. Je suis touché de la
« sainte mission qui m'est confiée et fier de
« vous commander. Aux armes donc ! Le servage
« doit cesser. Qui peut saisir une arme et ne la
« saisit pas est un traître. L'Italie, avec ses
« enfants unis et affranchis de la domination
« étrangère, saura reconquérir le rang que la

« Providence lui a assigné parmi les na-
« tions. »

Les Lombards répondent avec enthousiasme
à cet appel. A l'approche de Garibaldi, le tocsin
sonne dans les villages , les jeunes gens courent
aux armes, une vie nouvelle circule dans les
veines des vieillards, les enfants épellent les mots
d'indépendance et de liberté , les femmes apportent aux volontaires toutes les provisions sous-
traites à la rapacité des Autrichiens.

Grand et beau spectacle !

Les populations enfiévrées coupent les télégra-
phes électriques, brisent les lignes de chemins
de fer qui relient les villes occupées par les Autrichiens.

A Lugano et à Bellinzona, Garibaldi bat les
Autrichiens et leur prend trois canons.

Varèze est en pleine insurrection ; tout le pays
environnant a arboré le drapeau tricolore ; les
habitants de Varèze attendent Garibaldi avec impatience. Lorsque la municipalité apprend son
approche, elle se met en mesure de fêter l'arrivée
de ses libérateurs et adresse à ses concitoyens la
proclamation suivante :

6.

« Les emblêmes de l'oppression étrangère sont
« tombés au milieu de nous, puisque va reparaî-
« tre le saint drapeau tricolore, drapeau d'or-
« dre, de concorde et de liberté. Bénis soient
« ceux qui nous le rendent ! »

Femmes, enfants, vieillards, tous se précipitent à la rencontre des soldats de l'indépendance.
A l'entrée de Garibaldi dans Varèze, les cloches
sonnent leurs plus gais carillons : ce sont des
cris de joie, une animation sans pareille.

— Vive Garibaldi ! s'écrient des milliers de
voix.

— Vive l'Italie ! répond le général avec une
profonde émotion.

Mais le général Urban, apprenant la présence
de Garibaldi à Varèze, marche sur lui à la tête
de dix mille hommes. Garibaldi sort de la ville,
défait l'ennemi à la Malnate et le poursuit à trois
milles de l'endroit où s'est livré le combat.

Les Autrichiens, que le nom seul de Garibaldi
frappe de stupeur, prennent la fuite, oubliant,
dans leur précipitation, un drapeau, des sacs de
soldats, des équipages d'officier, et jusqu'à la
caisse du régiment.

A Chassio, il a mille obstacles à vaincre. Pour retrouver les Autrichiens, il est forcé de s'engager dans une gorge profonde. Avec la connaissance parfaite qu'il a de la montagne, il pourrait tourner les Autrichiens, les prendre à revers et les écraser ; mais il veut respecter la neutralité du territoire suisse, il prend un étroit sentier, de l'autre côté duquel s'étend le lac de Côme.

Sachant la terreur superstitieuse qu'il inspire aux Autrichiens, il se place à la tête de sa colonne, lance sa troupe, fond sur eux, force le défilé et les poursuit jusqu'à Borgho-Vico ; là, l'ennemi résiste encore, Garibaldi le défait de nouveau, le met en fuite, traverse Côme au galop, l'atteint à la tête du chemin de fer de Milan et le rejette jusqu'à Camerlata. Côme est libre ! Les citoyens courent aux armes et se précipitent derrière Garibaldi. — Mais celui-ci a vaincu déjà et revient vers Côme où il fait sa véritable et triomphante entrée à six heures du soir.

Quelle fête ! c'est à qui saisira un Garibaldien : on les embrasse, on se les arrache, on les porte en triomphe. — Garibaldi, épuisé, harassé de fatigue, est forcé, pour répondre aux acclamations des patriotes de Côme, de se présenter au balcon de son hôtel.

Son apparition est saluée de frénétiques vivats.

Côme est libre, après un long et dur esclavage; on peut donc, enfin, aller, venir, parler sans crainte.

Le 3 juin, Garibaldi fait afficher dans Côme la proclamation suivante :

« Tous les jeunes gens qui peuvent prendre un
« fusil sont appelés autour de la bannière trico-
« lore; aucun de vous ne voudra assister inerte
« et sans armes à la guerre sainte ; personne ne
« voudra être exposé à confesser un jour, en
« rougissant, de n'y avoir pris aucune part. C'est
« l'heure de montrer que vous ne mentiez pas
« quand vous parliez de votre haine contre l'Au-
« triche.

« Aux armes donc ! Aucun sacrifice ne semble
« grand, puisque nous sommes cette génération
« qui aura accompli l'œuvre de l'indépendance
« nationale! »

De Côme, Garibaldi poursuit l'ennemi jusqu'à Monza et disperse le corps du général Urban.

Bientôt il occupe Bergame. Nouvelles acclamations. Les hommes se jettent sur son passage pour lui serrer la main ; les femmes l'inondent de fleurs ; la ville est illuminée.

A la tête de sa troupe, sans cesse grossie par les volontaires qui affluent de toutes parts, il se dirige sur Brescia et en chasse les Autrichiens. Enfin, le 9 juin, il rejoint notre brave armée à Milan.

Halte d'un jour dans cette voie sacrée où viennent de marcher, de victoire en victoire, Français, Piémontais et Volontaires.

FIN.

JOURNAL DES INVENTEURS

ORGANE

DES PROGRÈS INDUSTRIELS

La publicité, à notre époque, est l'âme des affaires. Le *Journal des Inventeurs* a pour but de mettre cette ressource féconde à la disposition des inventions sérieusement applicables.

Il expose et recommande les inventions dignes d'apporter leur contingent dans la sphère des progrès industriels.

Moyennant une rétribution aussi modérée que possible, l'administration du Journal fait, à la demande des inventeurs, des tirages supplémentaires des numéros où sont expliquées leurs inventions, et les fait distribuer où ces derniers le jugent utile et nécessaire.

Elle se charge aussi, à des prix réduits, *de la prise des brevets*, tant en France qu'à l'étranger, ainsi que de renseigner, diriger et représenter les inventeurs pour tout ce qui les intéresse dans le domaine scientifique, pratique, légal ou juridique, etc., etc.

Elle vise à un autre but. Persuadée que la publicité qui frappe à la fois les sens et l'intelligence est souvent plus efficace que celle qui ne s'adresse qu'à l'intelligence seulement, elle se met en mesure d'organiser UNE EXPOSITION PERMANENTE ET GRATUITE DES PRODUITS BREVETÉS OU DES DESSINS ET PHOTOGRAPHIES de ceux de ces produits dont l'exposition matérielle serait trop encombrante dès le principe.

La souscription à cette Exposition est ouverte dans les bureaux du *Journal des Inventeurs*, 38, rue Taitbout, à Paris.